Le Mindset Agile

Concepts clés

Agile: est une méthode de gestion de projet basé sur un ensemble bien défini de valeurs et de principes.

Le Mindset Agile: est la façon de penser et d'agir selon les valeurs et les principes Agile.

Le Manifeste Agile: est un document rédigé en 2001 par dix-sept praticiens indépendants du logiciel, connus sous le nom de "The Agile Alliance", qui identifie 4 valeurs fondamentales et 12 principes.

Les Pratiques Agile: sont les différentes activités et processus utilisés par une équipe Agile pour appliquer le Mindset Agile à leur projet. Les pratiques Agile les plus courantes sont : la préparation et l'affinage du backlog, la planification des itérations, les réunions quotidiennes, les réunions de revue, les réunions rétrospectives, etc.

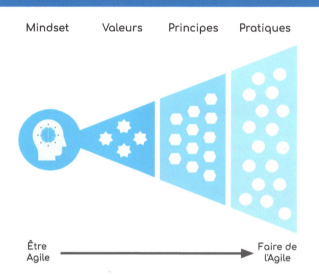

Les 4 Valeurs de l'Agile

Individus & Interactions
—— Plus que ——
Processus & Outils

Logiciels Opérationnels
—— Plus que ——
Documentation Exhaustive

Collaboration avec les clients
—— Plus que ——
Négociation contractuelle

Adaptation au changement
—— Plus que ——
Suivi d'un plan

Les 12 principes Agile

01 Notre plus haute priorité est de satisfaire le client en livrant rapidement et régulièrement des fonctionnalités à grande valeur ajoutée.

02 Accueillez positivement les changements de besoins, même tard dans le projet. Les processus Agiles exploitent le changement pour donner un avantage compétitif au client.

03 Livrez fréquemment un logiciel opérationnel avec des cycles de quelques semaines à quelques mois et une préférence pour les plus courts.

04 Les utilisateurs ou leurs représentants et les développeurs doivent travailler ensemble quotidiennement tout au long du projet.

05 Réalisez les projets avec des personnes motivées. Fournissez-leur l'environnement et le soutien dont ils ont besoin et faites-leur confiance pour atteindre les objectifs fixés.

06 La méthode la plus simple et la plus efficace pour transmettre de l'information à l'équipe de développement et à l'intérieur de celle-ci est le dialogue en face à face.

07 Un logiciel opérationnel est la principale mesure d'avancement.

08 Les processus Agiles encouragent un rythme de développement soutenable. Ensemble, les commanditaires, les développeurs et les utilisateurs devraient être capables de maintenir un rythme constant.

09 Une attention continue à l'excellence technique et à une bonne conception renforce l'Agilité.

10 La simplicité – c'est-à-dire l'art de minimiser la quantité de travail inutile – est essentielle.

11 Les meilleures architectures, spécifications et conceptions émergent d'équipes auto-organisées.

12 À intervalles réguliers, l'équipe réfléchit aux moyens de devenir plus efficace, puis règle et modifie son comportement en conséquence.

Agile vs Prédictif

Approche de développement de projet

La méthode selon laquelle vous créez et réalisez les livrables de votre projet, qu'il s'agisse d'un produit, d'un service ou d'un résultat. Elle consiste à appliquer un ensemble de procédures, techniques, pratiques et règles tout au long du cycle de vie du projet.

Approche adaptative

Cette méthode convient aux projets comportant des niveaux élevés d'incertitude et de volatilité, et dans lesquels les exigences sont susceptibles de changer tout au long du projet. Ce type d'approche implique une planification fréquente et peut être itérative, incrémentale ou agile.

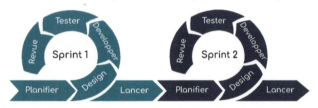

Approche prédictive

Approche orientée par les plans, ou approche en cascade (Waterfall): le périmètre, l'échéancier, le budget, les exigences et les critères d'acceptation sont tous déterminés avant de lancer l'exécution du travail. Cette approche est séquentielle et rigide et consiste en une livraison unique, avec des phases de travail prédéfinies qui se chevauchent.

Approche hybride

Combine et intègre différents éléments et composants prédictifs et adaptatifs dans une seule approche de développement. Il peut s'agir d'une méthode de transition efficace pour initier l'organisation ou l'équipe à une nouvelle approche.

Agile	Agile	Agile	Prédictive	Prédictive	Prédictive

Développement agile suivi d'un déploiement prédictif

Agile	Agile	Agile
Prédictive	Prédictive	Prédictive

Approche combinée, agile et prédictive, utilisée simultanément

Approche largement prédictive avec des composantes agiles

Approche largement agile avec une composante prédictive

Approche itérative

Consiste à définir le périmètre de manière très précise au début du projet, tout en développant progressivement le budget et l'échéancier pendant des itérations divisées en blocs de temps au fur et à mesure que les livrables deviennent plus clairs, jusqu'à ce que le produit final soit entièrement développé.

Incremental approach

Fournit au client des fonctionnalités de produits finis prêts à être utilisés. Ces résultats partiels sont appelés incréments et présentent principalement des composants fonctionnels, testés et acceptés des livrables finaux du projet.

Cadence de livraison

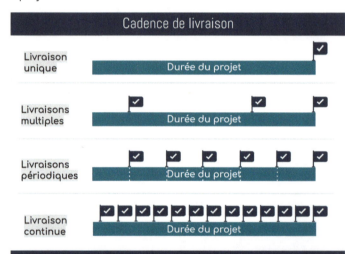

Stabilité de périmètre

Les environnements de travail adaptatifs se caractérisent par la faible stabilité de périmètre, ce qui signifie que les exigences sont censées subir de nombreux changements tout au long du cycle de vie du projet.

Élaboration progressive

La méthode agile repose sur l'élaboration progressive de la planification du travail pour gérer l'ambiguïté. Cela implique de commencer avec un périmètre globalement défini, puis, au fur et à mesure que des informations supplémentaires sont disponibles, un plan spécifique et détaillé est développé.

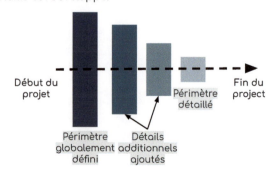

Cadres de Travail Agile

Cadres de travail Agile

Un ensemble de pratiques, de normes, de processus, d'outils et de techniques utilisés pour mener à bien un projet, du début à la fin. Il existe de nombreux cadres de travail qui peuvent être adoptés pour appliquer les principes agiles.

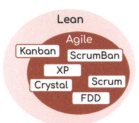

Lean

Le Lean est une philosophie basée sur le respect et l'amélioration continue. Elle vise à créer plus de valeur pour le client tout en identifiant et éliminant les gaspillages.

La philosophie est née dans le domaine de la fabrication, puis a été adoptée dans divers domaines, y compris le développement logiciel.

Scrum

Le cadre de travail Agile le plus courant. destiné à faciliter le développement et la création de produits complexes, en respectant des rôles, des événements et des artefacts spécifiques. Scrum se fonde sur 3 piliers: la transparence, l'inspection et l'adaptation, et sur 5 valeurs fondamentales:

Courage   Concentration Engagement   Respect   Ouverture

Extreme Programming (XP)

Une méthode de développement agile de logiciels qui vise à fournir des produits de haute qualité grâce à la livraison fréquente des releases toutes les deux semaines.

Feature Driven Development (FDD)

Le FDD est adapté aux projets à long terme et prévisibles. Le FDD comporte les 5 étapes suivantes :

1. Développer un modèle global
2. construire une liste de fonctionnalités
3. Organiser par fonctionnalités
4. Concevoir par fonctionnalité
5. Construire par fonctionnalité

Agile Hybride

Consiste à mettre en œuvre un cadre hybride qui combine différentes pratiques et éléments de deux ou plusieurs cadres de travail Agile. Cela peut être un bon point de départ pour passer d'une approche Agile à une autre.

Kanban

Un cadre de travail Agile basé sur les flux et une méthode Lean qui utilise un tableau pour visualiser la progression du flux de travail.

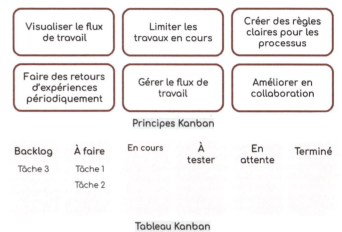

| Visualiser le flux de travail | Limiter les travaux en cours | Créer des règles claires pour les processus |
| Faire des retours d'expériences périodiquement | Gérer le flux de travail | Améliorer en collaboration |

Principes Kanban

Backlog	À faire	En cours	À tester	En attente	Terminé
Tâche 3	Tâche 1				
	Tâche 2				

Tableau Kanban

Scrumban

Intègre les pratiques de Scrum à la méthode Kanban. Scrumban offre aux équipes plus de flexibilité, ce qui en fait une excellente solution pour la transition de Scrum à Kanban ou vice versa.

Scrum Of Scrums

C'est quand plusieurs équipes Scrum sont impliquées dans le développement du même produit; chaque équipe partage les mises à jour, le progrès et les obstacles envisagés. Puis le travail de toutes les équipes est incorporé afin de livrer le produit final.

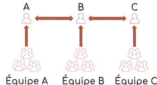

A   B   C

Équipe A   Équipe B   Équipe C

Scaled Agile Framework (SAFe)

Utilisé comme système d'intégration des pratiques Agile, Lean et DevOps à l'échelle. Ce cadre applique les principes Agile, les processus Lean et les pratiques de flux de développement de produits, en cherchant principalement à améliorer l'engagement des employés, la qualité des logiciels et la productivité des équipes.

Famille des méthodes Crystal

Un ensemble d'approches de développement logiciel agiles. Plus la couleur est foncée, plus l'équipe est grande et plus le projet est complexe.

6 personnes	20 personnes	40 personnes	80 personnes	Plus de gens	Grande taille
Clear	Yellow	Orange	Red	Maroon	Diamond & Sapphire

Taille de l'équipe

Scrum

Les fondamentaux de Scrum

Rôles
- Responsable du produit
- Scrum Master
- Équipe de développement

Événements
- Planification du Sprint
- Daily Scrum
- Revue de sprint
- Rétrospective de sprint

Artefacts
- Backlog de produit
- Backlog de Sprint
- Incrément

Les meilleures pratiques
- User Stories
- Poker d'estimation
- Tableau Scrum

Les trois piliers de l'empirisme

Le Scrum est basé sur l'empirisme. Cela signifie que la connaissance provient de l'expérience et que la prise de décision est basée sur ce qui est observé.

TRANSPARENCE
Le travail est visible pour ceux qui le font et ceux qui le reçoivent.

L'INSPECTION
Les progrès vers les objectifs sont fréquemment inspectés.

L'ADAPTATION
L'amélioration continue en fonction des résultats de l'inspection.

Équipe Scrum

Responsable du produit (Product Owner)
- Représenter l'entreprise
- Partager la vision
- Gérer le backlog du produit

Équipe de développement
- Livrer les incréments
- Auto-organisé
- Pluridisciplinaire

Scrum Master
- Soutenir l'équipe
- Maintenir le processus Scrum
- Enlever les obstacles

Flux de Travail Scrum

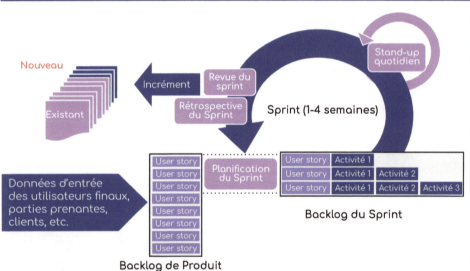

Nouveau

Existant

Incrément

Revue du sprint

Rétrospective du Sprint

Stand-up quotidien

Sprint (1-4 semaines)

Planification du Sprint

Données d'entrée des utilisateurs finaux, parties prenantes, clients, etc.

Backlog de Produit

Backlog du Sprint

User story: Une brève description d'une fonctionnalité ou d'une composante logicielle, généralement rédigée dans un langage simple et non technique. Elle saisit la perspective des utilisateurs finaux, ce que doit être accompli et pourquoi.

Artifact: présente toute information décrivant le produit et les actions prises par l'équipe Scrum afin de le produire. Cela peut prendre la forme d'un document, d'un résultat ou même d'un livrable.

Incrément: Il s'agit de la somme des éléments du Product Backlog fini (Done) pendant le Sprint.

Événements Scrum

	Revue de Sprint	Rétrospective de Sprint	Planification du Sprint	Daily Scrum
Quand	Le dernier jour du sprint	Après la revue de sprint, généralement le même jour	Le premier jour du nouveau sprint	Tous les jours durant 15 minutes
Participants	1. Responsable du produit 2. Scrum Master 3. Équipe de développement 4. Parties prenantes (facultatif) 5.	1. Scrum Master 2. Équipe de développement 3. Responsable du produit (facultatif)	1. Responsable du produit 2. Équipe de développement 3. Scrum Master	1. Équipe de développement 2. Scrum Master (facultatif)
Objectif	→ Examiner l'incrément livré → Mettre à jour le backlog de produit → Se préparer à la planification du prochain sprint	→ Identifier ce qui s'est bien passé → Identifier ce qui peut être amélioré → Améliorer la culture → Re-dynamiser l'équipe	→ Collaborer pour planifier le travail du sprint à venir → Sélectionner les éléments de travail à accomplir dans le prochain sprint	→ Fournir un aperçu du travail quotidien du projet → Partager tout ce qui se passe avec les membres de l'équipe → Discuter de tout obstacle ou blocage

Responsable du Produit

Le responsable du produit (Product Owner) est le point de contact unique entre les parties prenantes et l'équipe de développement. Il facilite la communication et guide le développement du produit en fonction de la vision et de la roadmap définies.

Compétences professionnelles
- Capacité à imaginer et à poursuivre des idées innovantes.
- Une compréhension approfondie de l'industrie.
- Capacité à s'adapter aux changements; état d'esprit flexible.

Compétences techniques
- Confiant pour prendre des décisions concernant le produit.
- Capacité à discuter avec les développeurs et à comprendre leurs choix.

Compétences sociales
- Excellentes compétences en communication.
- Capacité à motiver l'équipe
- Capacité à établir de bonnes relations avec les parties prenantes.
- Capacité à collaborer avec le Scrum Master et l'équipe de développement.

Responsable produit vs. Chef produit

Dans les grandes entreprises de logiciels, il est fréquent d'avoir plusieurs responsables produit. Dans ce cas, un Chef Produit est responsable d'aligner tous les responsables produit sur la stratégie globale.

Conception du produit

- ➜ La découverte du produit est un processus continu, impliquant une évaluation et une adaptation continues en fonction de l'évolution des exigences du client.
- ➜ Le responsable du produit discute la stratégie produit avec le client et la partage avec les parties prenantes et l'équipe de développement.
- ➜ Le responsable du produit réalise des entretiens avec des utilisateurs potentiels, rencontre les parties prenantes, organise des ateliers avec les utilisateurs actuels, etc. pour collecter ou affiner les exigences.
- ➜ Le responsable du produit écoute les problèmes des utilisateurs pour améliorer le produit.

Implémentation du product

- ➜ Tout au long de l'implémentation, le responsable du produit doit être disponible pour répondre aux questions et préoccupations de l'équipe de développement.
- ➜ Le responsable du produit maintient le backlog du produit en affinant et en hiérarchisant continuellement ses éléments.
- ➜ Le responsable du produit collabore avec l'équipe de développement pour définir et implémenter les versions du produit.
- ➜ Le responsable du produit participe aux réunions de planification des sprints en définissant les objectifs du sprint, les priorités principales et les critères d'acceptation.
- ➜ Le responsable du produit évalue le travail effectué par l'équipe de développement et fournit des retours lors des réunions de revue de sprint.

Scrum Master

Rôle

Le Scrum Master est chargé d'établir le processus Scrum et de veiller à ce que l'équipe Scrum adhère à ses principes et pratiques.

Le Scrum Master joue le rôle de leader-serviteur, en coachant l'équipe sur l'état d'esprit Agile, en supprimant les obstacles au progrès et en favorisant un environnement collaboratif et auto-organisé.

Scrum Master vs. Chef de projet traditionnel

Le chef de projet, également appelé responsable de projet, est la personne désignée par l'organisation pour diriger le travail du projet en engageant l'équipe tout au long du cycle de vie du projet afin d'atteindre les objectifs définis.

Un projet agile scrum est dirigé par un Scrum Master qui joue le rôle d'un facilitateur.

→ Décideur
→ Contrôleur
→ Leader situationnel

 Chef de projet

Scrum Master

→ Facilitateur
→ Mentor
→ Leader-serviteur

Leader-serviteur

Consiste à donner la priorité aux besoins des autres et à veiller à les servir. Un leader serviteur cherche à offrir des opportunités de développement et de formation, ainsi qu'à promouvoir le bien-être au sein du projet.

Encourager l'équipe à améliorer ses compétences et ses performances	Supprimer tous les obstacles auxquels l'équipe pourrait être confrontée	Promouvoir le bien-être au sein du projet

Compétences

Compétences relationnelles
- Etablir de bonnes relations avec l'équipe de développement.
- Utiliser l'intelligence émotionnelle pour renforcer la confiance.
- Accompagner l'équipe de développement.

Compétences techniques
- Connaissances en méthodologie Agile et Scrum
- Une bonne connaissance des principes de gestion de projet

Responsabilités

Supprimer les obstacles
Le Scrum Master protège l'équipe de développement des obstacles à la progression, de manière réactive et proactive.

Protéger l'équipe
Le Scrum Master aide l'équipe à rester concentrée en la protégeant des distractions externes.

Faciliter le consensus
Le Scrum Master facilite les discussions collaboratives en veillant à ce que toutes les voix soient entendues et prises en compte.

Encourager l'apprentissage
Le Scrum Master favorise une culture d'apprentissage continu pour aider l'équipe à améliorer ses compétences et ses performances.

Champion du Scrum
Le Scrum Master accompagne l'équipe Scrum et l'organisation dans l'adoption des valeurs Agile et des pratiques Scrum.

Autonomiser l'équipe
Le Scrum Master donne à l'équipe le pouvoir de prendre des décisions collectives et de prendre en charge leur travail.

Médiation des conflits
En cas de désaccord, le Scrum Master agit comme médiateur neutre, aidant l'équipe à trouver un terrain d'entente.

Encourager l'ouverture
Le Scrum Master favorise un environnement dans lequel les membres de l'équipe se sentent à l'aise pour exprimer leurs idées, leurs préoccupations et leurs opinions.

Équipe de Développement

Rôle

L'équipe de développement comprend les personnes qui développent le produit. Dans le développement logiciel, l'équipe de développement peut inclure des programmeurs, des ingénieurs qualité, des designers UI/UX, des rédacteurs de contenu, etc.

Une bonne équipe de développement doit être interfonctionnelle, auto-organisée, de taille limitée et entièrement dédiée au produit.

Taille de l'équipe de développement

L'équipe de développement est petite, comprenant de 3 à 9 membres, pour garantir la cohésion et l'efficacité.

| 3 | 4 | 5 | 6 | 7 | 8 | 9 |

Taille minimale   Taille idéale   Taille maximale

Équipe pluridisciplinaire

Une équipe pluridisciplinaire est composée de membres possédant des compétences variées et substantielles, ce qui permet de produire les livrables de votre projet sans dépendance externe.

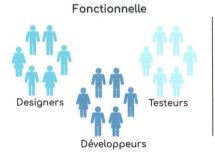

Fonctionnelle

Designers

Développeurs

Testeurs

Pluridisciplinaire

Par exp. une équipe de développement composée de 1 designer, 3 développeurs et 2 testeurs

Charte d'équipe

Un document officiel de toutes les valeurs établies, accords, directives et limites de comportement et d'interaction, et tous les règlements et règles qu'une équipe devrait suivre et auxquels elle devrait adhérer.

Équipe auto-organisée

Une équipe composée de membres pluridisciplinaires qui travaillent de manière autonome et assument la responsabilité d'atteindre les objectifs du projet.

Autonomiser l'équipe pour qu'elle soit auto-organisée mène à un personnel hautement motivé.

Possession (Ownership)

La possession, dans ce contexte, fait référence à la responsabilité collective que l'équipe de développement a envers la livraison réussie du produit.

| Avoir la capacité de prendre des décisions | Prendre des initiatives plutôt que d'attendre des ordres | Être responsable en tant que groupe |

Forme de T vs Forme de I

Un membre d'équipe en "forme de T" (peigne brisé/goutte de peinture) est un spécialiste généraliste qui possède une ou plusieurs compétences avec une expertise approfondie dans un certain domaine alors que ses autres compétences sont moins développées.

Un membre d'équipe en "forme de I" possède une spécialisation et une expertise approfondies dans un domaine et n'a aucun intérêt à participer ou à s'impliquer dans un travail en dehors de ce domaine.

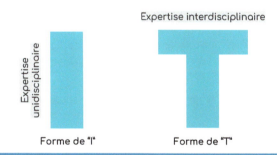

Expertise interdisciplinaire

Expertise unidisciplinaire

Forme de "I"   Forme de "T"

Responsabilités

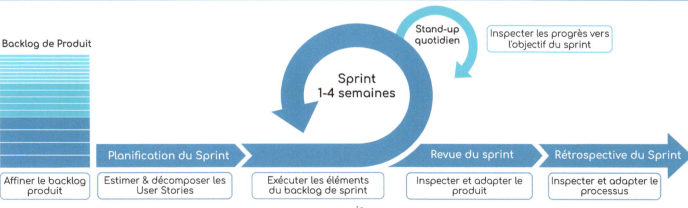

Backlog de Produit

Stand-up quotidien

Inspecter les progrès vers l'objectif du sprint

Sprint 1-4 semaines

Planification du Sprint   Revue du sprint   Rétrospective du Sprint

| Affiner le backlog produit | Estimer & décomposer les User Stories | Exécuter les éléments du backlog de sprint | Inspecter et adapter le produit | Inspecter et adapter le processus |

Travail d'Équipe & Collaboration

Appariement - Essaimage - Coalition

L'appariement permet à deux membres d'une équipe de travailler ensemble sur une tâche particulière ou sur la résolution d'un certain problème.

L'essaimage sert à éliminer un obstacle. La coalition est utilisée pour coordonner les contributions des membres de l'équipe sur un élément de travail donné.

Coalition

Tous les membres abordent la TÂCHE ensemble (Simultanément)

Appariement

Essaimage

Chaque membre travaille sur une ou plusieurs parties de la TÂCHE jusqu'à ce qu'elle soit terminée.

People illustrations by Storyset

Analyse des écarts de formation

Utilisé pour déterminer les compétences qui manquent à une équipe afin de planifier la formation adéquate pour combler l'écart.

Base de référence

1) **Analyse avant la formation** constitue une base de référence du niveau de votre équipe avant de recevoir la formation prévue.
2) **Évaluation à mi-parcours** est facultative, mais elle permet de faire des ajustements si nécessaire.
3) **Évaluation après la formation** révèle l'efficacité de la formation en comparant ses résultats à ceux de l'évaluation préalable à la formation.

Observation vs Observation inversée

Observation (Shadowing) est lorsqu'un membre de l'équipe suit un expert ou un professionnel du travail à des fins d'observation afin d'apprendre ou de comprendre un travail ou un rôle spécifique.

Observer → Briefing régulier → Pratiquer

L'observation inversée (Reverse shadowing) se produit dans l'autre sens lorsque l'un des membres de l'équipe de niveau junior est suivi par un collègue plus expérimenté d'un niveau managérial ou de leadership supérieur pour apprendre leurs compétences.

Communication osmotique

La communication étroite ou osmotique fait référence au processus de réception d'informations de manière indirecte ou accidentelle, soit en les entendant par hasard, soit à travers des indices non verbaux.

Équipe présentielle vs Équipe virtuelle

Une équipe présentielle signifie que toute l'équipe travaille dans un seul espace physique.

Une équipe virtuelle, à distance, or distribuée est composée de membres dispersés travaillant à distance depuis différents lieux géographiques et/ou fuseaux horaires.

La conception des bureaux "Caves and Commons"

Un design qui intègre à la fois des bureaux privés (Caves), où les membres de l'équipe peuvent travailler temporairement sans être interrompus par les autres, avec un espace ouvert partagé (Common) où toute l'équipe travaille généralement.

Fenêtre d'aquarium

Utilisé avec les équipes à distance, il consiste en une vidéoconférence continu entre différents endroits/membres de l'équipe. Elle permet également à un certain nombre de membres d'avoir une conversation plus ciblée, alors que le reste de l'équipe écoute avec la possibilité de rejoindre la discussion à tout moment.

Développement de l'esprit d'équipe (Team building)

Ensemble de pratiques et de techniques visant à rapprocher une équipe de personnes ayant des caractéristiques, des besoins, des antécédents et des compétences différents.

Livraison de Valeur

De la vision à la réalisation

01 VISION DU PRODUIT

Objectif: définir les objectifs du produit et dans quelle mesure il s'aligne sur la stratégie de l'entreprise.
Responsabilité: créé par le responsable produit et approuvé par le sponsor.
Fréquence: révisé au moins une fois par an.

02 FEUILLE DE ROUTE DU PRODUIT

Objectif: mettre en œuvre la vision en définissant le plan des phases ou des versions du produit.
Responsabilité: créé par le responsable produit et approuvé par le sponsor.
Fréquence: revue au moins deux fois par an.

03 PLAN DE RELEASE
Objectif: mettre en œuvre la feuille de route en priorisant les fonctionnalités principales pour les prochaines phases.
Responsabilité: réalisé par le responsable produit et impliquant l'équipe de Dev. et les parties prenantes.
Fréquence: réalisé ou mis à jour tous les trimestres.

04 PLANIFICATION DU SPRINT
Objectif: mettre en œuvre la release en définissant les éléments de travail à réaliser dans le sprint.
Responsabilité: réalisé par le responsable produit et l'équipe de Dev.
Fréquence: réalisé au début de chaque sprint.

INCRÉMENTS DE PRODUIT

Objectif: construire le produit progressivement et assurer une livraison continue de valeur.
Responsabilité: Produit par l'équipe de Dev. et approuvé par le responsable produit.
Fréquence: Produit à la fin de chaque sprint.

07 RÉTROSPECTIVE DU SPRINT

Objectif: booster la productivité en adaptant les processus et en améliorant l'environnement de travail.
Responsabilité: facilité par le Scrum master avec la contribution de l'équipe de Dev.
Fréquence: Produit à la fin de chaque sprint.

06 REVUE DU SPRINT

Objectif: démontrer le travail réalisé et recueillir les retours des parties prenantes.
Responsabilité: animé par le Responsable du produit avec la démonstration de l'équipe de Dev.
Fréquence: Produit à la fin de chaque sprint.

05 STAND-UP QUOTIDIEN

Objectif: coordonner et synchroniser les efforts de travail quotidiens des membres de l'équipe de Dev.
Responsabilité: géré par l'équipe de Dev. avec le soutien du Scrum master.
Fréquence: se produit tous les jours ouvrables.

Valeurs vs Livrabres

Valeurs: la raison pour laquelle le projet est initialement entrepris; c'est ce que le client souhaite obtenir et ce que vous devez accomplir. Les valeurs sont souvent intangibles, et donc difficiles à mesurer.

Livrables: les éléments de travail qui sont effectués afin d'atteindre les valeurs. Les livrables peuvent être mesurées car elles représentent souvent des produits tangibles. Le fait de terminer les activités du projet signifie que vous avez créé des livrables mais ne veut pas dire que vous avez également atteint les objectifs du projet.

Échelle de planification

Cartographie des flux de valeur

Une technique Lean de visualisation et d'évaluation des activités à valeur ajoutée par rapport à celles qui ne le sont pas, ce qui permet d'éliminer le gaspillage au niveau du système de production et d'identifier les informations et les matériaux nécessaires à la création de valeur.

Temps de Cycle Totale = Temps de Valeur Ajoutée + Temps sans Valeur Ajoutée
$$= (3+2+10+10+1+4) + (15+20+10+40+5)$$
$$= 30 \text{ min} + 90 \text{ min}$$
$$= 120 \text{ min}$$

Efficacité du cycle de processus = $\dfrac{\text{Temps Total de Valeur Ajoutée}}{\text{Temps de Cycle Totale}}$
$$= \dfrac{30 \text{ min}}{120 \text{ min}}$$
$$= 25\%$$

Vision & Feuille de Route du Produit

Vision du produit

Une brève déclaration de l'état future souhaité qui serait atteint en développant et en déployant un produit.

Une bonne vision doit être simple à énoncer et doit fournir une direction claire aux personnes chargées à la réalisation du produit.

Product Vision Statement

POUR <client cible> QUI <énoncé du besoin> LE <nom du produit> EST UNE <catégorie de produits> QUE <avantage clé> CONTRAIREMENT À <concurrent principal> NOTRE PRODUIT <énoncé de la principale différenciation>

EXEMPLE

POUR les créateurs de contenu QUI veulent vendre des cours en ligne, LE Y-Courses EST UNE place de marché de cours en ligne QUI permet aux créateurs de publier leurs cours. CONTRAIREMENT À T-Courses, NOTRE PRODUIT prend en charge les remboursements hebdomadaires des créateurs.

Feuille de route du Produit

Un plan de haut niveau créée et maintenue par le responsable du produit pour donner un contexte à la vision en définissant les étapes clés du développement du produit.

La feuille de route du produit n'est pas un plan détaillé, mais plutôt un guide qui représente la vue globale.

EXEMPLE 1

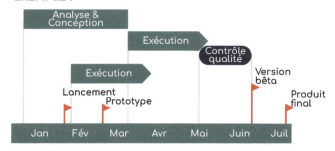

EXEMPLE 2

Cycle de vie du produit

| IDÉE & VISION | CONCEPTION | PRODUIT VIABLE A MINIMA | PRODUIT MINIMAL COMMERCIALISABLE | EXTENSION DE PRODUIT |

Temps de mise sur le marché — Croissance & Maintenance

Conception

La création de maquette (wireframing): désigne la représentation visuelle de la squelette du produit. Les wireframes sont utilisés pour obtenir des retours de la part du propriétaire du produit et guider les concepteurs dans le développement de l'interface utilisateur (User Interface, UI/User Experience, UX).

Interface Utilisateur (UI): désigne les éléments visuels, les contrôles et les interactions qui permettent aux utilisateurs d'interagir et de naviguer à travers le produit.

Expérience Utilisateur (UX): englobe l'expérience globale et la satisfaction qu'un utilisateur éprouve lors de l'interaction avec le produit.

Produit Viable a Minima

Une forme de prototype qui se compose des fonctionnalités de base du produit. Elle est présentée aux premiers utilisateurs pour solliciter un retour d'information et valider l'idée initiale du produit.

Minima + Viable: De bons produits développés par les startups

Mauvais produits que personne ne veut utiliser

Des produits développés par des entreprises ayant un bon financement

Produit Minimal Commercialisable

Une version prête à être lancée du produit avec les fonctionnalités minimales nécessaires pour répondre aux besoins de l'utilisateur final.

Techniques de Collecte des Exigences

Les exigences dans Scrum

Le processus de collecte des exigences dans Scrum est continu, visant à assurer l'alignement avec les besoins évolutifs du projet.

Généralement, les exigences sont obtenues grâce à des conversations et des techniques d'analyse de données.

Brainstorming vs Brainwriting

Brainstorming: une discussion de groupe au cours de laquelle chaque participant partage rapidement autant d'idées qu'il le peut, puis toutes les données obtenues sont analysées pour générer les exigences et les spécifications du projet.

Brainwriting: permet à chaque participant de réfléchir individuellement à un sujet/une question, en exprimant ses idées primaires par écrit, avant que l'ensemble du groupe ne participe à la session principale.

Technique du groupe nominal

Générer des idées	Les participants prennent du temps pour réfléchir au sujet, en prenant leurs propres notes.
Enregistrer les idées	Les idées des participants sont notées sur un tableau.
Discuter les idées	Le groupe fusionne toutes les idées afin d'aboutir à un nombre d'éléments convenus.
Classer les idées	Les participants classent individuellement ces éléments selon leur importance. Les scores de classement sont ensuite calculés.

Groupes de discussion

Une conversation interactive facilitée en face-à-face qui rassemble toutes les parties concernées et les experts du domaine pour partager et discuter de leurs contributions concernant un sujet particulier.

Méthode de Delphi

Cette technique fondée sur le consensus implique l'utilisation de plusieurs cycles d'enquêtes, chaque cycle étant conçu à partir des réponses du cycle précédent.

Benchmarking

Examiner des projets similaires et les utiliser pour comparer des idées, des produits, etc. Cela est utile non seulement pour collecter les exigences, mais également pour les processus, les pratiques et les approches de développement du projet.

Le vote

Consiste à choisir l'option qui obtient le plus de votes. Le processus de vote peut entraîner une décision prise à l'unanimité, à la majorité ou à la pluralité.

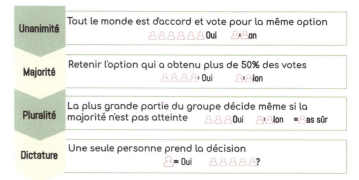

Le vote par points

Également connue sous le nom de dotmocracy, vote cumulatif, sticker voting est une activité de groupe dans laquelle chaque membre utilise des points autocollants pour choisir parmi un certain nombre d'options. L'option qui a le plus de points est celle qui est sélectionnée.

Fonctionnalité 2 doit être gardée car elle rassemble le plus de points

Les cinq doigts de la main

Les participants lèvent un poing fermé ou autant de doigts qu'ils le souhaitent pour exprimer leur niveau de soutien à une certaine décision; plus ils montrent de doigts, plus ils soutiennent la décision.

Le vote romain

Un simple pouce levé pour voter "Oui" et un pouce baissé pour voter "Non". Tout le monde devrait voter en même temps, et en fonction du nombre de pouces levés ou baissés, une décision est prise.

Pouce levé = Oui   Pouce baissé = Non   De côté = Neutre

User Story

Objectif

User story est une brève description de ce que le client souhaite que le logiciel fasse.

En capturant les exigences de l'utilisateur final, les user stories se concentrent sur la valeur commerciale lors du développement du produit.

Modèle du user story

Quel est le comportement attendu du produit

En tant que **[rôle d'utilisateur]**, je veux **[objectif]**, pour que **[bénéfice]**

Qui interagit avec le produit	Pourquoi cette fonctionnalité est-elle importante

En tant que client, je veux ajouter des articles à mon panier afin de pouvoir facilement les consulter, les gérer et passer à la caisse avec les produits sélectionnés.

En tant qu'administrateur, je veux modérer les avis sur les produits afin de m'assurer qu'ils respectent nos règles avant leur publication.

Critères d'acceptation (Acceptance Criteria)

Un ensemble de normes, capacités ou conditions requises qu'une user story doit respecter pour être acceptée par le responsable du produit.

Les critères d'acceptation sont utilisés pour une user story, une tâche, une fonctionnalité ou un élément du backlog produit.

Une user story est considérée comme "terminée" lorsqu'elle satisfait à la fois aux critères d'acceptation et à la définition d'accompli (Definition of Done).

Définition de prêt

Liste de contrôle de critères axés sur l'utilisateur qui doivent être remplis pour qu'une user story soit considérée comme prête à être exécutée, passant ainsi du backlog de produit au backlog de sprint. Pour être considérée comme prête, une user story doit être claire, faisable et testable

INVEST

Un acronyme qui représente un ensemble de critères utilisés pour évaluer la qualité des user stories créées.

I **I**ndependante: Les user stories doivent être autonomes et ne pas dépendre d'autres stories.

N **N**égotiable: User story doit être assez flexible pour permettre à l'équipe d'échanger et de discuter.

V **V**aleur: Les user stories doivent apporter de la valeur aux utilisateurs finaux.

E **E**stimable: Possibilité d'estimer l'effort nécessaire pour implémenter une user story.

S **S**mall (petite): Les user stories doivent être petites pour être terminées en une itération ou un sprint.

T **T**estable: Les user stories doivent avoir des critères d'acceptation clairs et non ambigus.

Définition d'accompli (Definition of Done)

Un ensemble de critères que doit remplir un produit ou un incrément pour être considéré comme prêt à être utilisé. Ces critères représentent la liste de contrôle de qualité du produit.

La Définition d'accompli est utilisée pour un incrément de produit au niveau du sprint ou pour tous les éléments du backlog produit.

Cartographie des stories (Story map)

La cartographie des user stories est un outil utilisé pour organiser visuellement le travail en modèles. Elle suit la chaîne de valeur de chaque élément de travail en suivant une user story, son sprint correspondant, ainsi que son épique parent. Cette technique est connue sous le nom de matrice de traçabilité des exigences (Requirements Traceability Matrix, RTM) dans les projets prédictifs.

Unités d'Estimation

Types d'estimation

Estimation relative	Estimation absolue
• Comparer un élément avec un autre	• Fait de manière isolée sans comparaison
• Unité d'estimation : Points d'effort, tailles de T-shirt	• Unité d'estimation : En heures ou en jours
• Centré sur l'équipe	• Centré sur le temps

Estimation en points d'effort

Estimation en points d'effort est une technique de mesure utilisée dans l'estimation relative pour déterminer la taille d'une unité de travail.

Points d'effort (Story points) représentent une mesure arbitraire et sans unité de l'effort requis pour la mise en œuvre d'une tâche ou d'une user story.

Poker d'estimation

Poker d'estimation ou **Scrum poker** est une méthode d'estimation gamifiée qui utilise des cartes de poker; les membres de l'équipe choisissent chacun une carte pour estimer chaque user story.

Jours idéaux vs Jours ouvrés

Jour idéal, ou **temps idéal**, correspond au moment où l'équipe de développement est pleinement productive et n'est pas interrompue par des réunions, la vérification des e-mails, l'exécution des tâches opérationnelles, etc.

Un jour ouvrable fait référence à la période quotidienne, généralement de 9h à 17h, pendant laquelle les membres de l'équipe travaillent sur leurs tâches assignées.

La Séquence de Fibonacci

L'estimation en points d'effort utilise souvent la séquence de Fibonacci. Chaque nombre de la séquence standard de Fibonacci est la somme des deux précédents (0, 1, 2, 3, 5, 8, 13, 21, 34, 55, etc.)

Souvent, les équipes agiles utilisent la séquence de Fibonacci modifiée suivante pour simplifier le processus.

Cas d'utilisation

Points d'effort	Effort nécessaire pour accomplir le user story	Temps nécessaire pour accomplir le user story	Complexité ou incertitude du user story
1	Effort minimum	Quelques minutes - Jusqu'à 2 heures	Aucun
2	Effort minimum	Quelques heures - Jusqu'à 1 jour	Peu
3	Effort léger	Un jour - Jusqu'à 3 jours	Faible
5	Effort modéré	Quelques jours - Jusqu'à 5 jours	Modéré
8	Effort important	Une semaine ou plus	Élevé
13	Effort maximal	Plus d'une semaine	Très élevé

Tailles de t-shirt

Usage typique des unités d'estimation

Backlog de Produit

Backlog de produit

Éléments détaillés prêts à être intégrés dans le prochain sprint; petites user stories nécessitant 1 à 5 jours chacune.

Éléments de taille moyenne pour les sprints à venir; des user stories plus grandes qui devront être décomposées.

Éléments de grande portée; épopées (epics).

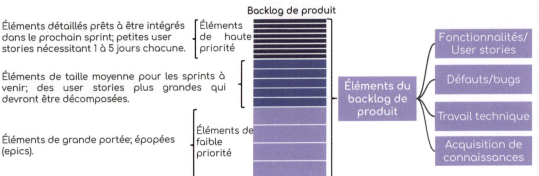

Éléments de haute priorité

Éléments de faible priorité

Backlog de produit

Éléments du backlog de produit
- Fonctionnalités/ User stories
- Défauts/bugs
- Travail technique
- Acquisition de connaissances

Le backlog de produit est une liste priorisée de toutes les fonctionnalités souhaitées, des corrections de bugs, des améliorations, et tous autres travaux à réaliser sur un produit.

Le backlog de produit est la source unique des exigences pour toutes les modifications à apporter au produit.

Raffinement du backlog

Un événement permettant d'examiner, de mettre à jour et de redéfinir les priorités des éléments du backlog de produit. Il peut être réalisé au cours du sprint (réunion formelle ponctuelle).

Backlog de Produit

- Estimer les éléments
- Insérer des éléments
- Re-prioriser les éléments

Élément initial de grande taille

- Affiner les éléments
- Supprimer des éléments

Fréquence de Raffinement

Les sessions de raffinement du backlog ne suivent aucune règle prédéfinie. Si le rythme des nouvelles exigences et des mises à jour est élevé, l'équipe Scrum aura besoin de plus d'une session de raffinement par sprint. Chaque session peut durer plusieurs heures.

DEEP

L'acronyme "DEEP" est utilisé pour désigner un ensemble de critères utilisés pour évaluer et créer un bon backlog produit.

D **Détaillé de manière appropriée:** Le niveau de détail varie en fonction de la priorité de l'élément et de sa proximité vers l'implémentation.

E **Émergent:** Le backlog produit évolue continuellement avec l'émergence de nouvelles exigences, le changement de priorités, etc..

E **Estimation:** Chaque élément du backlog produit est estimé afin de comprendre sa complexité, ceci aide pour la planification et la prise de décision.

P **Prioritaire:** Commencer par les éléments de haute priorité afin de garantir que la valeur du produit en cours de développement est optimisée.

Effort collaboratif

Le Responsable produit est celui qui est responsable du backlog produit. Cependant, la collaboration entre les parties prenantes et l'équipe Scrum est essentielle pour répondre aux besoins des utilisateurs, aux considérations techniques et à la vision du produit.

Exemple de Backlog Produit

ID	Élément	Type	Taille	Priorité
#10	En tant que client, je veux avoir l'option de payer en espèces à la livraison afin de pouvoir effectuer le paiement sans carte de crédit.	User story	5 story points	Élevée
#55	Deux utilisateurs ont signalé que le panier se bloque après avoir ajouté plusieurs articles	Bug	3 story points	Moyenne
#113	En tant que client, je souhaite annuler mes commandes automatiquement afin de pouvoir recevoir mon remboursement rapidement sans intervention manuelle.	User story	13 story points	Faible
#140	En tant que client, je veux passer des commandes en utilisant une application mobile afin de pouvoir facilement faire des achats en déplacement.	Épopée	X Large	Le plus faible

Techniques de Priorisation

Modèle Kano

Permet d'évaluer et prioriser les fonctionnalités du produit en fonction de leurs coûts de mise en œuvre par rapport à leurs potentiels de satisfaction des clients.

➢ **Fonctionnalités de base**: doivent être incluses pour que le produit soit fonctionnel et compétitif. Leurs absences conduisent à l'insatisfaction.

➢ **Fonctionnalités de performance**: dans lesquelles plus vous investissez, plus la satisfaction client augmente. Ceux-ci distinguent votre produit par rapport aux produits similaires sur le marché.

➢ **Fonctionnalités attractives**: ont un effet considérable sur la satisfaction du client, mais leurs absences n'entraînent pas de mécontentement.

➢ **Fonctionnalités indifférentes**: celles dont leurs présences ou absences dans le produit n'intéressent pas les clients.

➢ **Fonctionnalités d'insatisfaction**: lorsqu'elles sont ajoutées au produit, elles entraînent le mécontentement des clients.

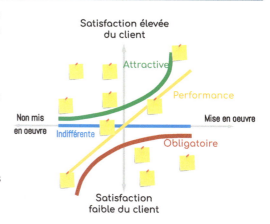

Matrice des priorités

Le responsable du produit, en collaboration avec les parties prenantes, identifie la valeur commerciale de chaque élément de travail et les risques associés.

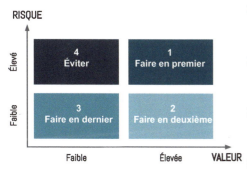

➢ **Quadrant 1**: Ces éléments à forte valeur ajoutée et à haut risque doivent être explorés et abordés en premier pour éviter les surprises désagréables ultérieures.

➢ **Quadrant 2**: Ces éléments à forte valeur ajoutée et à faible risque doivent être mis en œuvre en deuxième position car ils sont considérés comme des fruits faciles à cueillir.

➢ **Quadrant 3**: Les éléments de travail à faible valeur ajoutée et à faible risque doivent être effectués en dernier car ils ne contribuent généralement pas au résultat final.

➢ **Quadrant 4**: Ces éléments de travail à faible valeur ajoutée et à haut risque sont considérés comme des gaspillages et devraient être éliminés.

Comparaison par paires

Aide à déterminer l'importance d'un certain nombre d'options les unes par rapport aux autres, ce qui vous permet de déterminer plus facilement vos priorités.

Fonctionnalité	A	B	C	D	E
A		A	C	A	A
B			C	D	E
C				C	C
D					E
E					

Score
C = 4
A = 3
E = 2
D = 1
B = 0

Méthode MoSCoW

Indispensable (MUST HAVE)	Souhaitable (SHOULD HAVE)	Possible (COULD HAVE)	Éliminé (WON'T HAVE)
Exigences non négociables et obligatoires	Exigences importantes mais non vitales	Exigences souhaitables mais non nécessaires	Exigences que le client ne veut pas

Méthode des 100 points

Un système qui peut être employé par un groupe de participants pour prioriser les éléments du backlog, les user stories ou les épopées, en attribuant à chaque participant 100 points qu'il peut distribuer entre les options proposées selon leur importance.

	Partie prenante 1	Partie prenante 2	Partie prenante 3	Partie prenante 4	Partie prenante 5	Total
Fonctionnalité 1	20	40	20	25	30	135
Fonctionnalité 2	30	40	70	25	30	195
Fonctionnalité 3	50	10	10	25	20	115
Fonctionnalité 4	0	10	0	25	20	55
Total	100	100	100	100	100	

Plan de Release

Release

Dans les projets à long terme, le travail peut être réalisé sur plusieurs sprints, qui peuvent être regroupés en différentes versions. Chaque release peut comprendre deux ou plusieurs sprints consécutifs.

Plan de release

Le responsable du produit crée ou révise le plan de release au début de chaque release. Le plan de release établit un calendrier prévisionnel des releases et définit quelles fonctionnalités seront livrées à la fin de chaque release.

Étapes de la planification des releases

1) Affiner le backlog produit.
2) Définir l'objectif de la release, basé sur la feuille de route du produit.
3) Identifier une date et , un coût de release
4) Sélectionner les user stories les plus prioritaires en fonction des conditions établies.
5) Estimer le nombre de sprints nécessaires pour la release, en se basant sur la vélocité de l'équipe.

Feuille de route produit   vs   Plan de Release

Feuille de route produit	Plan de Release
→ Communique le "pourquoi"	→ Détaille le "quoi"
→ Peut couvrir une année ou plus	→ S'étend sur seulement quelques mois
→ Souvent partagée avec les parties prenantes clés	→ Souvent interne à l'équipe Scrum
→ Agit comme un résumé visuel de haut niveau	→ Transforme la stratégie en un plan d'action

Theme

Représente de grands groupes de valeur qui sont connectés et unis sous un centre d'intérêt commun. Chaque thème est divisé en épopées.

THEME		
Amélioration de (Interface Utilisateur/Expérience Utilisateur)		
ÉPOPÉE 1	ÉPOPÉE 2	ÉPOPÉE 3
Accueil utilisateur et tutoriels	Optimisation pour les appareils mobiles	Accélérer le chargement des pages

Boucle de retour d'expérience

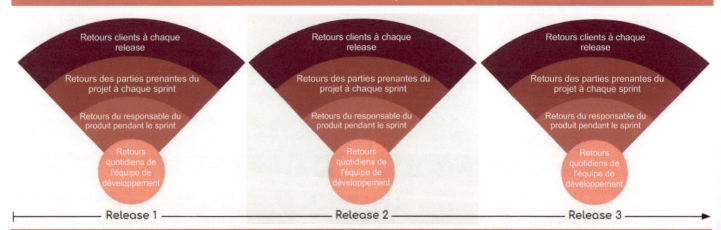

Retours clients à chaque release

Retours des parties prenantes du projet à chaque sprint

Retours du responsable du produit pendant le sprint

Retours quotidiens de l'équipe de développement

Release 1 — Release 2 — Release 3

Exemple d'un Plan de Release

THEME						
ÉPOPÉE 1			ÉPOPÉE 2			
Fonctionnalité 1.1	Fonctionnalité 1.2	Fonctionnalité 1.3	Fonctionnalité 2.1	Fonctionnalité 2.2	Fonctionnalité 2.3	
Releases						
Release 1 (MVP) — Sprint 1	User story 1.1.1				User story 2.2.1		
Release 1 (MVP) — Sprint 2	User story 1.1.2	User story 1.2.1		User story 2.1.1	User story 2.2.2		
Release 1 (MVP) — Sprint 3	User story 1.2.3	User story 1.2.2	User story 1.3.1	User story 2.1.2	User story 2.2.3		
Release 2 (MMP) — Sprint 4		User story 1.2.3	User story 1.3.2			User story 2.3.1	
Release 2 (MMP) — Sprint 5			User story 1.3.3			User story 2.3.2	

Fonctionnalités de chaque Release

Fonctionnalité 1.1   Fonctionnalité 2.2   Fonctionnalité 2.1

Fonctionnalité 1.3   Fonctionnalité 2.3   Fonctionnalité 1.2

Sprint

Définition

Un cycle de travail limité dans le temps de 1 à 4 semaines (une itération) au cours desquelles l'équipe de développement travaille en collaboration pour livrer un incrément de produit potentiellement livrable.

Caractéristiques

Le sprint est le conteneur de tous les autres événements Scrum.

Les sprints devraient tous avoir la même durée pour maintenir la cohérence

La quantité de travail sélectionnée pour le sprint devrait être basée sur la capacité de l'équipe.

Une fois que le sprint commence, il faut éviter l'ajout de nouveaux éléments de travail.

Lorsqu'un sprint se termine, le sprint suivant devrait commencer immédiatement (sans délai).

Durée du sprint

Les courts sprints de 1 à 2 semaines favorisent la collaboration entre le responsable du produit et l'équipe de développement, assurent un retour d'information rapide et permettent des livraisons fréquentes.

Les sprints plus longs de 3 à 4 semaines réduisent les événements scrum et conviennent aux produits matures et aux équipes stables.

Backlog du sprint

Le backlog du sprint est la liste des éléments de travail (user stories, travail technique, correction des défauts, etc.) sélectionnés par l'équipe Scrum pour être accomplis pendant le sprint. Ces éléments de travail doivent être alignés avec l'objectif du sprint.

Objectif du sprint

L'objectif du sprint est l'objectif défini pour le sprint. Il décrit un objectif commercial ou une valeur.
Si l'objectif du sprint devient obsolète, seul le Responsable produit a l'autorité pour annuler le sprint.

Exemple de sprint de deux semaines

Février

	Dimanche	Lundi	Mardi	Mercredi	Jeudi	Vendredi	Samedi
2 semaines	29	30	31	1	2	3	4
		Planification		Sprint 1			
	5	6	7	8	9	10	11
				Sprint 1		Revue / Rétrospective	
2 semaines	12	13	14	15	16	17	18
		Planification		Sprint 2			
	19	20	21	22	23	24	25
				Sprint 2		Revue / Rétrospective	
	26	27	28	1	2	3	4

Mars

	Dimanche	Lundi	Mardi	Mercredi	Jeudi	Vendredi	Samedi
2 semaines	26	27	28	1	2	3	4
		Planification		Sprint 3			
	5	6	7	8	9	10	11
				Sprint 3		Revue / Rétrospective	
2 semaines	12	13	14	15	16	17	18
		Planification		Sprint 4			
	19	20	21	22	23	24	25
				Sprint 4		Revue / Rétrospective	
	26	27	28	29	30	31	1

Exemple de passage d'un sprint à un autre

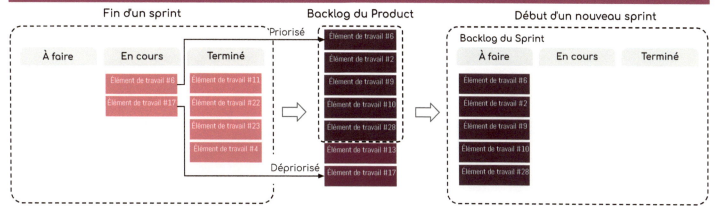

➢ Le sprint se termine à la fin de sa durée prévue (et non lorsque tous les travaux sont terminés).
➢ L'équipe de dév. ne doit pas compromettre la qualité pour terminer tous les éléments de travail avant la fin du sprint.

Vélocité

Objectif

La vélocité est la quantité de travail réellement accompli pendant un sprint.

La vélocité aide l'équipe Scrum à planifier les sprints et les versions de manière plus précise. Elle est également utilisée comme métrique de diagnostique de la performance de l'équipe.

Calcul de la vélocité

La vélocité d'une équipe est calculée en additionnant les points d'effort de toutes les user stories complétées lors d'un sprint particulier.

Les points d'effort des user stories non initiées, non achevées ou partiellement achevées ne doivent pas être comptabilisés lors du calcul de la vélocité.

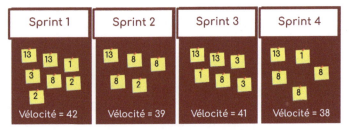

Après plusieurs sprints, il est recommandé de calculer la vélocité moyenne des 3 ou 4 derniers sprints.

Vélocité moyenne de l'équipe = (42+39+41+38)/4

= 40 points d'effort

Capacity

La capacité de l'équipe est la quantité de travail que les membres de l'équipe peuvent réalistiquement accomplir pendant un sprint, en fonction de divers facteurs tels que leur disponibilité.

Exemple : Lorsque 1 des 4 membres de l'équipe prend un congé pendant toute la durée du sprint, la capacité de l'équipe sera estimée à 30 points de story au lieu de 40 points de story.

Capacité en heures d'effort

La capacité peut être exprimée en heures d'effort, de la même manière que les tâches du backlog du sprint.

Membre de l'équipe	Heures idéales par jour	Nombre de jours	Heures idéales pour un sprint d'une semaine
Jasmine	6-7	5	30-35
Adam	6-7	4 (1 jour de congé)	24-28
Joseph	6-7	4 (1 jour de formation)	24-28
Lina	3-5 (travaille à temps partiel)	5	15-25
		Total	93-116

Cette équipe devrait envisager une capacité comprise entre plus de 93 heures et moins de 116 heures lorsqu'elle s'engage dans le travail du sprint.

Outil de planification

Planification de sprint

Lorsque l'équipe Scrum planifie le nouveau sprint, elle doit prendre en considération la vélocité du sprint précédent et/ou leur vélocité moyenne.

Exemple : si la vélocité de votre équipe est de 40 points d'effort, vous pouvez planifier d'abord environ 40 points pour le prochain sprint.

Utilisation de la vélocité

Planification de release

Lorsque l'équipe Scrum planifie une release, elle doit estimer tous les éléments de travail de la release et diviser le total par la vélocité moyenne.

Exemple : si la vélocité de votre équipe est de 40 points d'effort et que votre release comporte 200 points, vous aurez besoin de 5 sprints (200/40) pour accomplir tout le travail de la release.

À FAIRE & À ÉVITER

À FAIRE

- La vélocité est utilisée comme outil de planification pour les sprints et les releases.
- La vélocité est également utilisée comme métrique de diagnostic de l'équipe, car une vélocité constante est la marque d'une équipe agile en bonne santé.

À ÉVITER

- La vélocité ne devrait pas être utilisée comme une métrique de performance pour les récompenses et la reconnaissance.
- Cela peut amener les membres de l'équipe à manipuler le système pour afficher des chiffres de vélocité plus élevés ou compromettre la qualité pour accomplir plus de travail.

Planification de Sprint

Objectif

La planification de sprint est réalisée pour définir quel travail sera accompli lors du prochain sprint.

À la fin de cette réunion, l'équipe de développement devrait avoir une bonne compréhension des user stories sélectionnées et de l'objectif du sprint.

Durée

La durée est limitée à un maximum de 8 heures pour un Sprint de 4 semaines. Pour des sprints plus courts, l'événement est généralement plus court.

Objectif du sprint (Sprint Goal)

Est un but fixé pour le Sprint et peut être atteint en implémentant une partie du Backlog Produit.
Exemple : Activer le mode sombre (mode nuit) dans l'application pour améliorer l'expérience des utilisateurs malvoyants.

Horaire

La planification de sprint a lieu au début de chaque nouveau sprint.

Participants

Responsable du produit
- Définit l'objectif du sprint.
- Priorise les fonctionnalités du produit.

Scrum Master
- Observe et pose des questions.
- Fournit des conseils et du soutien.

Équipe de développement
- Détermine ce que peut être livré.
- Décompose les user stories en tâches.

Processus

Entrée	Activités	Sortie
→ Vélocité moyenne et capacité de l'équipe.	→ L'équipe de dév. et le Responsable du produit déterminent les user stories à choisir, en tenant compte de l'objectif déclaré et de la capacité.	→ Un objectif de sprint finalisé qui résume le but commercial et la valeur du sprint.
→ Éléments du backlog de produit prioritaires.	→ L'équipe de dév. définit les tâches techniques nécessaires pour exécuter les éléments de travail sélectionnés.	→ Un backlog de sprint qui contient une collection d'éléments de travail que l'équipe de dév. prévoit d'accomplir pendant le sprint afin d'atteindre l'objectif du sprint.
→ Objectif initial du sprint défini par le Responsable du produit.	→ L'équipe de dév. estime le temps nécessaire (en heures) pour accomplir chaque tâche.	

Programme de la réunion

Backlog du produit

| Élément de travail #1 |
| 2 points d'effort |
| Élément de travail #5 |
| 5 points d'effort |
| Élément de travail #12 |
| 3 points d'effort |
| Élément de travail #16 |
| 2 points d'effort |
| Élément de travail #21 |
| 13 points d'effort |
| Élément de travail #25 |
| 8 points d'effort |

Planification de sprint →

Nouveau sprint

Backlog de sprint

À faire	En cours	Terminé
Élément de travail #1		
Tâche 4 h / Tâche 2 h		
Élément de travail #5		
Tâche 4 h / Tâche 8 h / Tâche 8 h / Tâche 8 h		
Élément de travail #12		
Tâche 6 h / Tâche 8 h / Tâche 3 h		

Partie I : Pourquoi
Pourquoi ce sprint est-il précieux ?
(Objectif du sprint)

Partie II : Quoi
Que peut-on faire dans ce sprint ?

Partie III : Comment
Comment les éléments de travail sélectionnés seront-ils réalisés ?

Le Responsable du Produit et le Scrum Master devraient :

1) Éviter de dicter le "Comment" et laisser l'équipe de développement le découvrir par eux-mêmes.

2) S'abstenir d'attribuer des éléments de travail à l'équipe de développement.

Daily Scrum

Objectif

La mêlée quotidienne (Daily Scrum), également appelé stand-up quotidien, est une réunion de rassemblement quotidienne où les membres de l'équipe de développement inspectent les progrès réalisés vers l'objectif du Sprint, ajustent le travail planifié à venir et soulèvent les obstacles ou les empêchements rencontrés.

Le daily scrum améliore la communication et réduit le besoin d'autres réunions inutiles.

Durée

La durée d'une réunion de Daily Scrum est limitée à 15 minutes ; elle ne change pas, quelle que soit la durée d'un sprint ou la taille de l'équipe.

Horaire

Le Daily Scrum a lieu chaque jour ouvrable du sprint, au même horaire et au même endroit.

Participants

➤ **Équipe de développement**: présente ses progrès vers l'objectif du sprint et discute son plan pour les prochaines 24 heures.
➤ **Scrum Master**: soutient l'équipe de développement. Il présente également son propre progrès s'il est assigné à des éléments du backlog de sprint.

Le Responsable du produit n'est généralement pas concerné par cette réunion quotidienne, mais il peut y assister s'il le souhaite.

Étapes de la réunion

01	02	03	04	05	06	07
Début de la réunion	Un membre de l'équipe de dév. se porte volontaire pour animer la réunion.	Le facilitateur commence par ses mises à jour, ce qu'il va faire ensuite et les obstacles auxquels il a été confronté.	Chaque membre de l'équipe présente ses progrès, ses plans et les obstacles rencontrés.	L'équipe de dév. discute ses progrès, s'auto-organise et prend des engagements les uns envers les autres.	Le Scrum Master note les obstacles et fournit des conseils et du soutien.	Fin de la réunion

Exemple

Revue du Sprint

Objectif

L'objectif de la Revue de Sprint est d'inspecter les résultats du Sprint et de déterminer les changements futurs.

L'équipe Scrum discute les progrès réalisés vers l'objectif du Sprint et présente les résultats de leur travail aux parties prenantes clés.

Horaire

La revue de sprint a lieu après l'exécution du sprint et juste avant la rétrospective de sprint.

Durée

Le temps alloué est limité à un maximum de 4 heures pour un Sprint de 4 semaines. Pour les sprints plus courts, l'événement est généralement plus court.

Participants

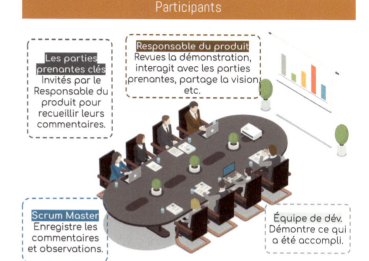

Les parties prenantes clés Invités par le Responsable du produit pour recueillir leurs commentaires.

Responsable du produit Revues la démonstration, interagit avec les parties prenantes, partage la vision, etc.

Scrum Master Enregistre les commentaires et observations.

Équipe de dév. Démontre ce qui a été accompli.

Étapes de la réunion

01 Début de la réunion

02 Le responsable du produit introduit et accueille tous les parties prenantes.

03 L'équipe de dév. démontre le travail accompli.

04 Le responsable du produit donne des retours à l'équipe de dév.

05 Le responsable du produit demande aux parties prenantes leurs retours.

06 Le responsable du produit présente les prochaines fonctionnalités et priorités.

07 Fin de la réunion

Processus de Revue du sprint

Entrée

→ Le but du sprint.

→ Le backlog du sprint.

→ L'incrément potentiellement livrable du produit réalisé par l'équipe de développement pendant le sprint.

Activités

→ Récapitulatif de ce qui a été accompli pendant le sprint.

→ Démonstration de l'incrément potentiellement livrable du produit.

→ Discussion sur l'état actuel et souhaité du produit.

→ Rappel de la vision et de la feuille de route du produit.

Sortie

→ Fonctionnalités validées, qui représentent l'incrément de produit.

→ Product backlog affiné.

→ Mise à jour potentielle du plan de release.

→ Mise à jour potentielle de la feuille de route du produit.

Exemple

Le début du Sprint

User story (×12)
Backlog de sprint

Fin du Sprint

User story (×12)
Produit potentiellement livrable
- Terminé
- En cours
- Non commencé

Fin du Sprint Revue

User story (×12)
Increment de produit
- Approuvé
- Rejeté

Backlog de produit
- En cours
- Non commencé

Les fonctionnalités seront mises en ligne et les user stories seront archivées pour référence future.

Selon les priorités définies par le responsable du produit, ces user stories pourraient rester dans le backlog du produit ou être déplacées vers le prochain sprint.

Mesure de Performance

Mesures empiriques

Bien que les mesures traditionnelles de projet se concentrent principalement sur les prédictions et les réalisations, les mesures agiles se concentrent sur les résultats. Les indicateurs de performance agile ou KPIs Agile vous permettent de prendre des décisions basées sur les données réelles de progression de votre projet, connue sous le nom de mesures empiriques, ce qui garantit une satisfaction client plus élevée et une productivité optimisée.

Diagramme d'avancement vs Diagramme d'achèvement

Le diagramme d'avancement montre le travail restant que l'équipe de projet doit achever, illustré par une ligne qui descend.

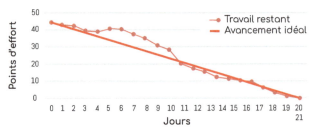

Le diagramme d'achèvement, en revanche, montre la quantité de travail accompli, représentée par une ligne ascendante.

Tableau des fonctionnalités

Visualise les fonctionnalités terminées à travers un diagramme d'achèvement et les fonctionnalités restantes à travers un diagramme d'avancement.

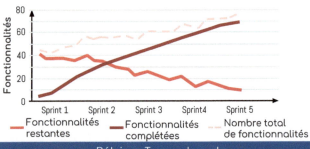

Délai vs. Temps de cycle

Délai (Lead time) représente la durée d'une tâche depuis sa création jusqu'à sa complétion.
Le temps de cycle est le temps nécessaire à l'équipe pour terminer une tâche.

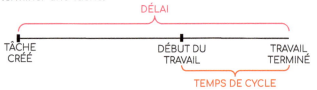

Diagramme de flux cumulatif

Ce diagramme aide à évaluer l'avancement global du projet et à identifier ce que doit être amélioré.
Le diagramme de flux cumulatif met en évidence trois métriques clés : le débit, le travail en cours, et le temps de cycle .

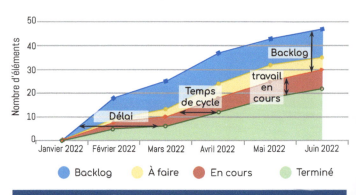

Diagramme de rendement

Un diagramme de rendement montre les livrables acceptés sur une période donnée sous la forme d'un histogramme.

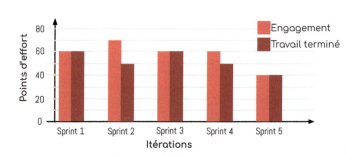

Défauts échappés

Le nombre de défauts par unité de temps, par sprint ou par version, que l'équipe agile n'a pas identifiés ou trouvés et qui sont détectés par les utilisateurs finaux après la mise en production du produit.

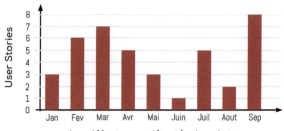

Les défauts non détectés dans le temps

Rétrospective de Sprint

Objectif

La rétrospective de sprint donne à l'équipe Scrum l'opportunité d'adapter Scrum à ses besoins spécifiques.

Cette réunion permet d'inspecter les pratiques actuelles en matière de processus, d'environnement de travail, de collaboration, de qualité du code, d'estimation, de technologie, d'automatisation, etc., de les adapter, d'explorer les possibilités d'amélioration et de progresser individuellement et collectivement.

Horaire

La Rétrospective de sprint a lieu après la revue de sprint et avant la planification de sprint.

Durée

Limité dans le temps à un maximum de 3 heures pour un sprint de 4 semaines. Pour des sprints plus courts, l'événement est généralement plus court.

Participants

➤ Scrum master: facilite la réunion.

➤ Équipe de développement: Ils présentent leurs accomplissements et leurs défis ainsi que leurs suggestions d'amélioration.

Le responsable du produit n'est généralement pas concerné par cette réunion axée sur le processus, mais il peut y assister s'il le souhaite.

Étapes de la réunion

01	02	03	04	05	06
Début de la réunion	The Scrum master fait le suivi des actions issues de la dernière réunion de rétrospective.	The Scrum master présente la performance du sprint et partage les feedbacks.	L'équipe de dév. relate ce qui s'est bien passé et ce qui pourrait être amélioré.	Le Scrum Master et l'équipe de dév. établissent ensemble le plan d'action.	Fin de la réunion

ESVP

Une technique qui peut être utilisée pour mesurer l'engagement des participants afin d'améliorer l'efficacité de la réunion de rétrospective.

Selon leur ressenti pendant la réunion, chaque participant s'identifie anonymement comme :

➤ Explorateur: ils sont pleinement engagés et enthousiastes à propos de la réunion.

➤ Shopper: ils sont positivement investis dans le processus.

➤ Vacancier: ils considèrent ou traitent la réunion comme une pause ou une "vacance" par rapport à leur travail.

➤ Prisonnier: ils assistent à la réunion par obligation.

Les résultats peuvent aider le Scrum Master à améliorer les futures réunions.

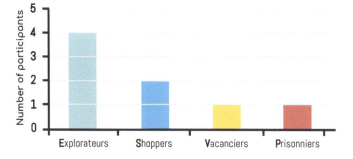

Modèle standard

Ce qui s'est bien passé

Joseph: excellente collaboration entre les membres de l'équipe.
Adam: la réunion hebdomadaire régulière avec le propriétaire du produit a été très utile

Ce qui ne s'est pas bien passé

Jasmine: beaucoup de bugs ont été trouvés dans la dernière fonctionnalité livrée.
Lina: notre estimation pour le user story #46 n'était pas précise

Ce qui pourrait être amélioré

Adam: Les designers doivent fournir plus de détails dès le début pour clarifier les exigences et réduire les échanges.
Jasmine: Il faut plus de travail sur les tests automatisés pour réduire les bugs.

Modèle 4Ls

Liked	Learned
Joseph: a apprécié la collaboration entre les membres de l'équipe.	Adam: a appris à travailler avec Amazon DynamoDB.
Adam: a apprécié la réunion hebdomadaire régulière avec le propriétaire du produit.	Lina: a appris qu'elle ne devrait pas ajouter des fonctionnalités non demandées par le propriétaire du produit.

Lacked	Longed for
Jasmine: Nous avons manqué de tests dans la dernière fonctionnalité livrée	Adam: Nous avons désiré avoir plus de détails dès le début de la part des designers.
Lina: Nous avons manqué de précision dans notre estimation de l'histoire utilisateur #46.	Jasmine: Nous avons désiré avoir plus de tests automatisés pour réduire les bugs.

PMO Agile

Bureau de gestion de projets (PMO)

Un bureau de gestion de projets (Project Management Office, PMO) est mis en place pour standardiser les processus de gouvernance des projets au sein de l'organisation en définissant des cadres de gestion de projet, des modèles, des formulaires, etc., et en fournissant un support administratif, une communication centralisée, la formation, le personnel de projet, etc.

Supportif/ Consultatif	Contrôlant	Directif
Fournit un soutien sous forme d'expertise à la demande, de modèles, de meilleures pratiques, d'accès à l'information, etc.	Non seulement il fournit un soutien, mais il exige également que ce soutien soit utilisé (conformité).	Va au-delà du contrôle en prenant en charge les projets en fournissant les ressources au chef de projet pour gérer le projet.
Faible	Modéré	Élevé

Contrôle

Besoin de bureau de gestion de projets

Organisation & Structuration
➢ Identifier et évaluer tous les projets en cours.
➢ Fournir de la visibilité à l'organisation.

Amélioration de la performance
➢ Proposer des moyens pour améliorer la performance des projets.
➢ Améliorer la proposition de valeur des projets.

Redressement
➢ Mettre en place des projets visant à augmenter la rentabilité.
➢ Se remettre d'un éventuel effondrement.

Croissance
➢ Prioriser les projets qui augmentent la valeur.
➢ Atteindre les objectifs définis (part de marché, profit, etc.).

Bureau de livraison de la valeur (VDO)

Les organisations adoptant l'approche agile disposent d'un Bureau de livraison de la valeur (Value Delivery Office, VDO) comme structure de soutien à la livraison de projets, chargé de former les équipes de projet, de promouvoir la mentalité agile, de guider les sponsors et les propriétaires de produits, etc.

Développement du leadership

Priorisation des projets ← **VDO** → Réduction des gaspillages

Optimisation des ressources

Développement du leadership

Collaboration	Empowerment
- Écouter l'équipe. - Aider à fixer des objectifs. - Impliquer les parties prenantes. - Créer une culture de confiance.	- Déléguer des responsabilités. - Adopter une approche de "fail-fast, learn-fast" - Éviter la culture du blâme.
Self-management	**Servant leadership**
- Donner la liberté d'adapter les processus, les outils, etc. - Faciliter plutôt que contrôler les décisions.	- Supprimer les obstacles pour l'équipe. - Permettre une gestion de bas en haut.

Réduction des gaspillages

Mouvement Surproduction Inventaire Défauts

Sur-traitement Attente Transport

Processus de création d'un PMO

Définir les objectifs du PMO	Sélectionner les projets	Recruter et former l'équipe PMO	Fournir des ressources et de l'assistance	Exécuter et contrôler
➢ Quelle est la situation ? ➢ Où se situera le PMO dans l'organigramme ? ➢ Quel pouvoir aura-t-il ? ➢ Quelle sera sa taille ? ➢ Quels KPIs à contrôler ? ➢ Quel rôle jouera-t-il dans les projets ?	➢ Identifier les projets nécessitant une structuration. ➢ Identifier les projets à créer. ➢ Définir le rôle du PMO dans chaque projet.	➢ Définir l'organigramme du PMO. ➢ Définir les responsabilités de chaque rôle. ➢ Recruter et former les membres nécessaires.	➢ Allouer les ressources du PMO aux projets sélectionnés. ➢ S'assurer que chaque projet dispose des ressources nécessaires. ➢ Former les chefs de projet et les parties prenantes.	➢ Diriger certains projets et contrôler d'autres. ➢ Définir un système de reporting des chefs de projet vers le PMO et du PMO vers le conseil d'administration, les investisseurs en capital privé, les sponsors, etc.

www.ingramcontent.com/pod-product-compliance
Lightning Source LLC
LaVergne TN
LVHW060200050326
832903LV00017B/377